Spencer Johnson, M. D.

O Presente

Tradução de
ALVES CALADO

EDITORA RECORD
RIO DE JANEIRO • SÃO PAULO

2004

CIP-Brasil. Catalogação-na-fonte
Sindicato Nacional dos Editores de Livros, RJ.

J65p

Johnson, Spencer, 1938-
O presente / Spencer Johnson; tradução de Alves Calado. – Rio de Janeiro: Record, 2004.
96p.

Tradução de: The present
ISBN 85-01-06934-5

1. Felicidade – Ficção. 2. Sucesso – Ficção. 3. Ficção americana. I. Alves-Calado, Ivanir, 1953- . II. Título.

04-0331

CDD – 813
CDU – 821.111(73)-3

Título original norte-americano:
THE PRESENT

Direitos exclusivos de publicação em língua portuguesa adquiridos para o Brasil pela
DISTRIBUIDORA RECORD DE SERVIÇOS DE IMPRENSA S.A.
Rua Argentina 171 – Rio de Janeiro, RJ – 20921-380 – Tel.: 2585-2000
que se reserva a propriedade literária desta tradução

Impresso no Brasil

ISBN 85-01-06934-5

PEDIDOS PELO REEMBOLSO POSTAL
Caixa Postal 23.052
Rio de Janeiro, RJ – 20922-970

Sumário

Antes da história 7

A história do Presente 11
Estando 29
Aprendendo 40
Criando 51
Resumo: usando o Presente 69

Depois da história 77

Para saber mais... 94

Dedicado a todas as pessoas
que fazem parte deste
livro, especialmente
minha família.

Antes da história

Num fim de tarde Bill Green recebeu um telefonema urgente de Liz Michaels, com quem ele trabalhava.

Liz ouvira dizer que Bill estava tendo um grande sucesso, e foi direto ao ponto:

— Posso me encontrar com você o quanto antes?

Bill pensou ter ouvido uma tensão na voz. Disse que sim e organizou sua agenda para os dois almoçarem juntos no dia seguinte. Quando Liz entrou no restaurante, Bill notou como ela parecia cansada.

Depois de trocarem algumas amenidades e escolherem os pratos, Liz disse:

— Agora estou com o cargo do Harrison.

— Parabéns. Não fico surpreso por ter sido promovida.

— Obrigada, mas os problemas estão se empilhando. Muita coisa mudou desde que você estava conosco. Temos menos pessoas e mais trabalho. É mais difícil tentar conseguir com que tudo seja feito.

E não estou aproveitando meu trabalho e minha vida tanto quando gostaria. A propósito, Bill — acrescentou ela, mudando de assunto —, você parece ótimo.

— Eu *estou* ótimo. Estou desfrutando mais meu trabalho e minha vida. É uma bela mudança para mim!

— É? Seu trabalho mudou?

Bill deu uma gargalhada.

— Não, mas parece. Tudo aconteceu há mais ou menos um ano.

— O que foi?

Bill começou:

— Lembra de como eu pegava pesado comigo mesmo e com os outros para obter bons resultados? E quanto tempo e esforço a gente precisava gastar para fazer as coisas?

Liz riu.

— Lembro bem demais.

Bill deu um sorriso, como se achasse divertido seu antigo comportamento.

— Bem, eu aprendi umas coisas. Assim como muitas pessoas no meu departamento. Estamos tendo resultados melhores, mais rápidos e com menos estresse. Além disso, estou aproveitando mais a vida.

— O que aconteceu? — perguntou Liz.

— Se eu disser, você provavelmente não vai acreditar.

— Experimente.

Ele fez uma pausa e depois disse:

— Ouvi uma história de um amigo. Acabou sendo uma verdadeira dádiva. De fato, a história se chama *O Presente*.

— Que história é essa?

— É a história de um rapaz que descobre um modo de tornar sua vida e seu trabalho melhores todos os dias!

— Todos os dias?

— É. Este é o âmago da história. Depois de ter ouvido, pensei um bocado na história e em como eu poderia me beneficiar usando-a. Comecei usando o que aprendi, primeiro no trabalho, e mais tarde na minha vida pessoal. Isso teve um grande impacto em mim, e os outros começaram a notar. Como o rapaz da história, estou mais feliz agora, e estou me saindo muito melhor.

— Como? Em que sentido?

— Bem, agora me concentro mais no que estou fazendo. Aprendo mais com o que acontece e sou capaz de planejar melhor. Agora posso me concentrar em fazer coisas mais importantes, sem demorar tanto para fazer.

— Você conseguiu tudo isso com uma história? — Liz ficou espantada.

— Bem, isso foi o que *eu* consegui. Pessoas diferentes recebem coisas diferentes com *O Presente*, dependendo de onde estão no trabalho ou na vida quando escutam a história. Claro, algumas pessoas não recebem nada. A história é uma parábola prática — continuou Bill. — Portanto não é só o que há *na* história. É o que você *tira* dela que lhe dá valor.

— Pode me contar?

Bill tomou um gole d'água e depois disse lentamente:

— Liz, eu fico em dúvida porque você sempre pareceu cética demais. E esse é o tipo de história que você pode descartar com muita facilidade.

Nesse ponto Liz baixou a guarda. Confessou que estava muito estressada no trabalho e na vida pessoal, e que tinha ido para o almoço esperando conseguir alguma ajuda.

Bill se lembrou de quando se sentia assim.

— Realmente quero ouvir a história — disse Liz.

Bill sempre havia gostado de Liz, e a respeitava. Por isso falou:

— Fico feliz em contar a história, se você concordar que o que vai receber e usar dela depende de você.

Liz concordou, e Bill foi em frente:

— Quando a ouvi pela primeira vez, percebi num determinado ponto que havia muito mais nessa história do que eu tinha previsto. Me peguei tomando notas durante toda a história para lembrar das idéias que poderia usar mais tarde.

Liz se perguntou o que ela poderia achar de útil para si. Pegou um pequeno bloco e disse:

— Estou pronta para ouvi-la.

Então Bill começou a contar a história do Presente.

A história do Presente

Era uma vez um menino que ouviu um velho sábio, e assim começou a aprender sobre O Presente.

O velho e o menino se conheciam havia mais de um ano, e gostavam de conversar.

Um dia o velho disse:

— Chama-se simplesmente *O Presente* porque, de todas as coisas que você pode receber, você vai achar que este é o presente mais valioso.

— Por que ele é tão valioso?

O velho explicou:

— Porque quando recebe essa dádiva você é mais feliz e capaz de realizar *melhor* o que quer que faça todos os dias.

— Uau! — exclamou o menino, ainda que não entendesse muito bem. — Espero que alguém me dê o Presente algum dia. Talvez eu ganhe no aniversário.

Então o menino saiu correndo para brincar.

O velho sorriu.

Imaginou quantos aniversários iriam se passar antes que o menino percebesse o valor do Presente.

O velho gostava de ver o menino brincar nas imediações.

Freqüentemente via um sorriso no rosto dele e o ouvia rindo e balançando-se numa árvore ali perto.

O menino era feliz e completamente envolvido em tudo que fazia. Era uma alegria de se ver.

À medida que o menino ia crescendo, o velho não pôde deixar de ver como ele atuava.

Nas manhãs de sábado, ocasionalmente observava seu jovem amigo aparando o gramado do outro lado da rua.

O menino assobiava durante o trabalho. Parecia feliz, não importando o que estivesse fazendo.

Certa manhã, o menino viu o velho e se lembrou do que ele tinha dito sobre O Presente.

O menino sabia tudo sobre presentes, como a bicicleta que recebeu no último aniversário e os embrulhos que tinha achado debaixo da árvore na manhã do Natal.

Porém, quanto mais pensava, mais ia percebendo que a alegria daqueles presentes não durava muito.

Imaginava: "O que há de tão especial no Presente?"

"O que pode fazer com que ele seja tão melhor do que qualquer outro presente?"

"O que poderia me deixar mais feliz, e melhor em fazer as coisas?"

Querendo respostas às perguntas, atravessou a rua para perguntar ao velho.

Perguntou o que um menino poderia perguntar.

— O Presente é uma varinha mágica que pode realizar todos os meus desejos?

— Não — respondeu o velho, rindo. — O Presente não tem a ver com magia nem com desejos.

Sem ter certeza da resposta da velho, o menino voltou ao seu trabalho aparando a grama, ainda pensando no Presente.

Enquanto ia crescendo, o menino continuava a pensar no Presente. Se não tinha nada a ver com desejos, poderia ter a ver com algum lugar especial?

Significaria viajar a uma terra estrangeira onde tudo parecia diferente: as pessoas, as roupas que elas usavam, a língua que falavam, as casas onde moravam, até o dinheiro delas? Como chegaria lá?

Foi procurar o velho.

— O Presente é uma máquina do tempo em que eu poderia entrar e ir aonde quisesse?

— Não — respondeu o velho. — Quando você receber o Presente, não vai passar mais o tempo pensando em estar em outro lugar.

O TEMPO passou, e o menino entrou na adolescência.

Tornou-se cada vez mais insatisfeito. Tinha achado que ficaria mais feliz à medida que crescesse. Mas sempre parecia querer mais — mais amigos, mais coisas, mais empolgação.

Em sua impaciência, sonhava com o que o esperava no mundo. Seus pensamentos voltavam às conversas com o velho, e ele se pegava pensando cada vez mais na promessa do Presente.

Procurou o velho de novo e perguntou:

— O Presente é alguma coisa que vai me deixar rico?

— Sim, de certa forma ele pode fazer isso — disse o velho. — O Presente pode levá-lo a muitos tipos de riqueza. Mas o valor dele não é medido apenas em ouro ou dinheiro.

O adolescente ficou confuso.

— O senhor me disse antes que quando a gente ganha o Presente, fica mais feliz.

— É. E mais eficaz, de modo que possa fazer as coisas melhores, o que o torna mais bem-sucedido.

— O que quer dizer com mais bem-sucedido?

— Ser mais bem-sucedido significa obter mais que você quer — disse o velho. — Seja o que for que considere importante.

— Então preciso decidir o que o sucesso é para mim?

— É, todos nós precisamos — disse o velho. — E podemos mudar o que pensamos que seja o sucesso, em diferentes momentos da vida. Para você, agora, pode ser um relacionamento melhor com seus pais, tirar notas melhores na escola, melhorar nos esportes ou conseguir um bom trabalho de meio expediente depois de terminar a escola, e conseguir um aumento porque você faz o trabalho de um modo melhor. Mais tarde pode significar ser mais produtivo e próspero, ou se sentir mais em paz e melhor com relação a si mesmo, não importando o que acontecer. Esse é um tipo especial de sucesso.

— O que é o sucesso para o senhor?

O velho riu.

— Nesta fase da minha vida, significa rir mais, amar mais profundamente e servir mais.

O adolescente perguntou:

— E o senhor diz que o Presente ajuda a fazer tudo isso?

— Sem dúvida!

— Bem, nunca ouvi mais ninguém falar desse tipo de presente. Estou começando a pensar que ele não existe.

— Ah, existe — respondeu o velho. — Mas acho que você ainda não entende.

Você já sabe
o que é O Presente.

Você já sabe
onde encontrá-lo.

E você já sabe como ele
pode torná-lo mais feliz e
mais bem-sucedido.

Você sabia mais quando
era mais novo.

Você simplesmente esqueceu.

— **Quando** você era menor — perguntou o velho — e cortava grama, aquele foi um tempo bom ou ruim?

— Um tempo bom — disse o ex-menino.

— O que fazia com que fosse bom?

O adolescente pensou um momento e disse:

— Eu gostava do que estava fazendo. Fazia um serviço tão bom que nossos vizinhos pediam para eu cortar o gramado deles também. De fato ganhei um bocado de dinheiro para um garoto da minha idade.

— E em que você pensava enquanto trabalhava? — perguntou o velho.

— Quando estava cortando a grama, pensava em cortar a grama. Pensava em como tinha cortado a grama nas partes difíceis e em volta dos obstáculos. Pensava em quantos gramados eu conseguia terminar numa tarde, e como podia trabalhar tão bem. Mas principalmente eu só me concentrava em cortar a grama que estava na minha frente.

Ele falava sobre cortar os gramados num tom que fazia parecer que a resposta era óbvia.

O velho se inclinou à frente e disse devagar:

— Exato. E por isso você era mais feliz e mais eficaz naquilo que estava fazendo à época.

Infelizmente o garoto não parou para refletir no que tinha escutado. Em vez disso, ficou mais impaciente.

— Se o senhor quer mesmo que eu seja mais feliz, por que não me diz o que é o Presente?

— E onde achá-lo? — devolveu o velho.

— É.

— Eu gostaria — respondeu o velho —, mas não tenho esse poder. Ninguém pode achar o Presente para outra pessoa. O Presente é uma coisa que você dá a si mesmo. Só *você* tem o poder de descobrir o que ele é.

O adolescente ficou desapontado com a resposta e foi embora.

Enquanto ia se tornando um jovem adulto, o adolescente decidiu achar o Presente sozinho.

Lia revistas, jornais e livros. Falava com os amigos e a família. Fazia buscas na Internet. Até viajou a muitos lugares procurando respostas com todo mundo que encontrava. Mas não importando o quanto procurasse, não pôde achar quem pudesse lhe dizer o que era o Presente.

Depois de um tempo ficou tão cansado e desencorajado que simplesmente desistiu da busca.

Por fim arranjou trabalho numa empresa local. Para as pessoas em volta, ele parecia estar se saindo muito bem. Mas sentia que faltava alguma coisa.

Quando estava trabalhando, pensava em que outro lugar gostaria mais de trabalhar. Ou pensava no que faria quando chegasse em casa.

Sua mente costumava se desviar durante reuniões, e até em conversas com amigos. Durante as refeições, freqüentemente se distraía e não percebia o gosto da comida.

No trabalho, lidava adequadamente com os projetos, mas sabia que poderia se sair melhor. Sabia no coração que não estava dando tudo que podia, mas não sentia que o que estava fazendo era realmente importante.

Depois de um tempo o rapaz percebeu que tinha ficado infeliz. Achava que trabalhava duro e fazia o que esperavam dele. Geralmente chegava na hora certa e trabalhava o dia inteiro.

Esperava ser promovido. Talvez isso o tornasse mais feliz.

E um dia ficou sabendo que tinha sido preterido para a promoção à qual achava ter direito.

O rapaz ficou com raiva. Não entendia por que fora preterido. Tentou ao máximo não deixar a raiva aparecer, já que isso não era bem visto no trabalho. Mas não conseguia abandonar a raiva, que começou a consumi-lo.

À medida que a raiva do rapaz crescia, a qualidade de seu trabalho decrescia.

Para as pessoas em volta, ele tentava agir como se a promoção não importasse. Mas no fundo começava a duvidar de si mesmo.

"Será que eu tenho o necessário para ser bem-sucedido?", pensava.

A vida pessoal do jovem não era muito melhor. Ele não tinha conseguido superar o rompimento com a namorada. Estava preocupado em saber se algum dia acharia o amor verdadeiro e teria uma família.

Sentia-se atolado. Sua vida parecia uma série de pontas soltas, projetos inacabados, objetivos e sonhos não alcançados.

Sabia que não estava cumprindo a promessa que havia feito quando era mais jovem.

Todo dia o rapaz chegava do trabalho um pouco mais cansado e desapontado. Nunca parecia satisfeito com o que estava fazendo. Mas não sabia o que fazer.

Pensou na juventude e lembrou os dias em que a vida parecia mais simples. Pensou nas palavras do velho e na promessa do Presente.

Sabia que não era tão feliz nem tão bem-sucedido quanto queria.

Talvez não devesse ter abandonado a busca do Presente.

Fazia muito tempo desde que tinha falado com o velho. Estava sem jeito ao pensar em como as coisas iam mal, e relutava em voltar e pedir ajuda.

Mas por fim estava tão insatisfeito com o trabalho e a vida que soube que precisava falar com o velho.

O VELHO ficou satisfeito em vê-lo. Notou imediatamente a falta de energia e a infelicidade óbvia do rapaz. Preocupado, encorajou-o a contar o que lhe passava na cabeça.

O rapaz descreveu as tentativas frustradas de achar o Presente e como tinha desistido da busca. Falou sobre seus problemas atuais.

Mas, para sua surpresa, as coisas não pareciam tão ruins na presença do velho.

O jovem e o velho passaram um tempo maravilhoso juntos, conversando e rindo.

O rapaz percebeu como gostava de estar com o velho. Sentia-se mais feliz e mais enérgico na presença dele.

Imaginou por que o velho parecia mais vivo do que a maioria das pessoas que ele conhecia. O que o tornava tão especial?

Falou ao velho:

— Eu me sinto tão bem nos dias em que estou com o senhor! Isso tem a ver com o Presente?

— Tem *tudo* a ver com ele.

— Eu gostaria de achar o Presente. E se o achasse hoje, já não seria sem tempo.

O velho riu e disse:

— Para achar o Presente, pense nos momentos em que você foi mais feliz e mais eficaz. Momentos em que se mostrou mais focalizado e se sentiu mais bem-sucedido. Você já sabe onde achar o Presente. Só não tem consciência disso. Quando parar de se esforçar, vai descobrir que é mais fácil achá-lo. De fato, vai ficar óbvio. — Então o velho sugeriu: — Por que não dá um tempo em sua rotina e deixa a resposta vir sozinha?

SEGUINDO a sugestão do velho, o rapaz aceitou a oferta de um amigo para passar um tempo em seu pequeno chalé na montanha.

Sozinho na floresta, o rapaz descobriu que as coisas andavam num ritmo mais lento e a vida parecia diferente.

Dava longas caminhadas e refletia na vida.

"Por que minha vida não é como a do velho?", pensava.

O rapaz havia aprendido que, apesar de ser modesto, o velho tinha sido muito bem-sucedido no mundo.

Havia começado por baixo numa organização muito respeitada e subido até o topo. E ajudara a comunidade de muitos modos.

O velho tinha uma família forte e amorosa, e muitos amigos leais que vinham visitá-lo. Tinha um senso de humor maravilhoso e uma sabedoria que os outros amavam e respeitavam.

Acima de tudo havia nele uma calma que o rapaz raramente havia encontrado.

O rapaz sorriu.

— E ele tem a energia jovem de alguém com metade de sua idade.

O velho era claramente a pessoa mais feliz e mais bem-sucedida que ele já havia encontrado.

Então, o que era o Presente que dava ao velho tantas qualidades boas?

Enquanto andava por quilômetros em volta do lago, o rapaz refletiu no que sabia sobre o Presente: *É um presente que damos a nós mesmos. Ele o conhecia melhor quando era criança. Simplesmente tinha esquecido.*

No entanto, sua mente ficava voltando aos fracassos. Lembrava-se exatamente de onde estava quando descobriu que não receberia a promoção desejada. Era como se tivesse acontecido ontem. Ele ainda estava com raiva.

Quanto mais pensava nisso, mais se preocupava com a volta ao trabalho.

Então notou que estava ficando escuro e correu de volta ao chalé.

Dentro, acendeu o fogo para afastar o frio. Notou uma coisa que não tinha visto antes.

Enquanto olhava o fogo, percebeu pela primeira vez a grande lareira do chalé.

Era feita de pedras grandes e pequenas. Um mínimo de argamassa prendia uma pedra à outra. Alguém havia escolhido cada pedra com muito cuidado, cinzelado e assentado com perfeição.

Agora que teve consciência, apreciou e desfrutou o que estava bem à sua frente o tempo todo.

A pessoa que tinha feito a lareira era mais do que um pedreiro. Era um artista.

Enquanto o rapaz se maravilhava de como a lareira era extraordinariamente bem construída, pensou em como o pedreiro devia ter se sentindo durante o trabalho.

Deve ter gasto um tempo significativo completamente concentrado na tarefa. Estava claro que os pensamentos do pedreiro não tinham vagueado nem se desviado com freqüência. Para ver como o trabalho era bom.

Era improvável que tivesse perdido muito tempo pensando num amor do passado ou no jantar daquela noite. Nem grande parte de seus pensamentos poderiam ter disparado para o que ele faria ao terminar. Ou para a coisa que poderia estar fazendo e da qual talvez gostasse mais.

O rapaz podia dizer, olhando para a obra-prima de alvenaria, que era óbvio que o pedreiro fora bem-sucedido. Ele devia ter tido muitos momentos em que não se concentrava em mais nada senão na sua tarefa.

O que o velho tinha dito, mesmo? "Para achar o Presente pense naqueles dias em que você foi mais feliz e mais eficaz e se sentiu mais bem-sucedido."

O jovem se lembrou de ter conversado com o velho sobre aparar gramados quando era garoto. Lembrou-se de como havia se concentrado em cortar a grama e não tinha deixado que nada o distraísse.

"Quando você está totalmente envolvido no que está fazendo, sua mente não vagueia e você é mais feliz e mais eficaz", dissera o velho. *"Você se concentra apenas no que está acontecendo naquele momento. E em que foco e concentração o levam ao sucesso."*

Percebeu que não se sentia assim há muito tempo — com relação ao trabalho ou a qualquer outra coisa. Passava tempo demais se perturbando com o passado ou preocupado com o futuro.

O rapaz olhou para o interior do chalé. Olhou de novo para o fogo. Naquele momento não estava pensando no passado. E não estava ansioso com o que poderia acontecer no futuro.

Simplesmente apreciava onde estava, e o que estava fazendo.

Então sorriu. Percebeu que se sentia bem.

Estava simplesmente desfrutando o que fazia. Desfrutava estar no momento presente.

Num instante ele percebeu. Claro!

Sabia o que era o Presente... o que tinha sempre sido; o que era agora:

O Presente
não é o passado
e não é o futuro.

O Presente é
o momento presente!

O Presente é
Agora!

Um sorriso se abriu no rosto do rapaz. Era tão óbvio! Respirou fundo e relaxou. Olhou o chalé em volta e o apreciou de um modo totalmente diferente.

Saiu e viu a silhueta das árvores contra o céu noturno e a neve em cima das montanhas distantes.

Viu o reflexo da lua nascendo sobre o lago e ouviu a canção do crepúsculo entoada pelos pássaros.

Agora percebia muitas coisas que estavam à sua frente o tempo todo, mas que não tinha visto nem sentido antes.

Agora sentia-se mais pacífico e mais feliz do que acontecia há muito tempo. Não se sentia um fracassado. Quanto mais pensava no Presente, mais sentido ele fazia.

Estar no Presente significa se concentrar no que está acontecendo agora mesmo! Significa apreciar as dádivas que lhe são oferecidas a cada dia.

Ocorreu-lhe que sempre que estava no Presente ficava mais consciente e concentrado em qualquer coisa que estivesse fazendo. Era mais como o artista pedreiro que tinha construído a grande lareira de pedra.

Agora percebia o que o velho estivera tentando lhe dizer desde que ele era menino.

Na manhã seguinte, o rapaz acordou revigorado. Mal podia esperar para ir dizer ao velho o que tinha descoberto.

Enquanto ia se vestindo, concentrava-se com freqüência no momento presente e estava espantado com a energia que tinha.

Tomou notas do que desejava fazer quando voltasse ao trabalho. Sorriu ao se dar conta de que poderia tornar-se mais eficaz na sua função. Era espantosa a diferença que um único dia produziu!

Lembrou-se de como se sentira na noite anterior. Ele tinha feito sua descoberta quando se concentrou em onde estava, e no que estava fazendo, *naquela hora* e *ali*. Não estava pensando em mais nada.

Ficou feliz por ter ido às montanhas pensar. E ficar sozinho tinha ajudado.

Lembrou-se de estar no Presente agora mesmo. Respirou fundo e recuperou um sentimento de paz.

Pensou: *É espantoso como é simples, e como funciona tão rápido.*

Mais tarde, franziu a testa e se perguntou:

— Será que o Presente pode mesmo ser tão simples? Afinal de contas, a vida não é complicada? As coisas certamente parecem complicadas no trabalho.

Ele tinha muitas perguntas, mas devia admitir que estar no Presente parecia funcionar para ele no momento.

Enquanto se preparava para sair, começou a se perguntar:

Como estar no Presente funciona quando a situação em que você se encontra não é tão relaxante quanto estar num tranqüilo chalé nas montanhas? Uma coisa é estar no Presente quando você se encontra numa boa situação, mas outra bem diferente é estar numa situação ruim.

Como então você usufruiu do Presente?

E qual é a importância do Passado e do Futuro, se é que existe alguma?

Enquanto viajava para se encontrar com o velho, percebeu que tinha muitas perguntas para fazer.

Estando

NO momento em que viu o rapaz se aproximando com um sorriso largo e um olhar límpido, o velho gritou:

— Você parece alguém que achou o Presente!

— Achei! — exclamou o rapaz.

O velho sorriu de uma orelha à outra. Sabia que o rapaz iria encontrar o caminho. Os dois desfrutaram o momento.

Então o velho pediu:

— Conte como aconteceu.

— Bem, eu me peguei mais feliz, e percebi que não estava pensando no que me aconteceu no Passado, e que não estava ansioso com o que poderia me acontecer no Futuro. De repente, me ocorreu o óbvio. O Presente, a dádiva que você entrega a si mesmo, é simplesmente isso: o momento presente. Agora vejo que estar no Presente significa se concentrar no que *é*, agora mesmo.

— Isso é verdade, e em *dois* sentidos — disse o velho.

O rapaz não estava escutando. Continuou a falar:

— Eu estava numa boa situação quando achei o Presente. Estava no chalé de montanha de um amigo.

Então questionou hesitante:

— Eu estava imaginando de que modo estar no Presente ajuda quando a gente se encontra numa situação ruim.

O velho respondeu com uma pergunta:

— Quando teve consciência do Presente, você estava pensando no que havia de certo ou errado naquele momento?

— Eu estava pensando no que estava *certo*, mesmo que ainda houvesse algumas coisas indo mal. Eu sabia que estava num lugar lindo e que estava desfrutando um momento de paz.

Então o velho falou:

— Considere o seguinte:

Mesmo nas situações
mais difíceis,

quando você se
concentra no que
está certo no
momento presente,
isso o deixa mais feliz
hoje.

É lhe dá a energia e a
confiança necessárias
para lidar com o que
há de errado.

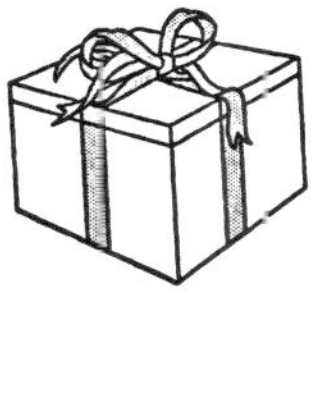

O QUE o velho disse surpreendeu o rapaz.

— De modo que estar no Presente significa se concentrar no que *é*, agora mesmo.

— E — acrescentou o rapaz — também significa se concentrar no que está *certo* agora.

— É. Exatamente! — disse o velho.

O rapaz pensou mais a respeito.

— Sabe, isso faz sentido. Quando estou numa situação ruim, geralmente me concentro no que há de errado, e isso me deixa na pior e sem coragem.

— Muitas pessoas fazem isso. Na realidade, a maioria das situações são uma mistura de bom e ruim, certo e errado. Depende de como você olha para elas. Quanto mais se focaliza no que é certo, mais eficaz você é hoje. E mais bem-sucedido se torna. Quanto mais olha para o que há de errado, menos energia e confiança você tem. É por isso que quando se pega numa situação "ruim", é importante procurar o que há de *certo*, mesmo que seja difícil achar. E então avaliar e agir a partir disso. Quanto mais aprecia o que está certo no momento, mais feliz você fica — continuou o velho. — Você fica mais relaxado, e é mais fácil permanecer no Presente.

— E se o Presente for muito doloroso, como a perda de um ser amado? — perguntou o rapaz.

— A dor — sugeriu o velho — é a diferença entre o que é e o que você quer que seja. A dor no Presente, como todo o resto, está constantemente mudando. Ela vem e vai. Quando fica totalmente no Presente e sentiu a dor, e se sentiu esgotado por ela, você pode começar a procurar o que está certo, e trabalhar a partir disso.

O rapaz começou a tomar notas para se lembrar mais tarde do que estava descobrindo. Falou:

— Por que tenho a sensação de que o que aprendi até agora é só a ponta do *iceberg*, e que há muito mais debaixo da superfície?

— Porque você apenas começou a avaliar o que está esperando lá, para ser descoberto.

Sugeriu:

— Como você achou o Presente sozinho, e parece ansioso para saber mais, fico feliz em compartilhar o que sei.

O rapaz disse que gostaria disso, portanto o velho continuou:

— É importante experimentar situações dolorosas e aprender com elas, em vez de tentar se distrair com outra coisa.

Estar no Presente significa
desligar as distrações

e prestar atenção ao que é
importante agora.

Você cria o seu próprio
Presente com aquilo em que
você presta atenção hoje.

— ENTÃO — disse o rapaz —, mesmo em situações difíceis, preciso desligar as distrações sem importância que me impedem de estar no Presente.

— Você pode pegar os exemplos em sua própria vida. Já disse antes que estava tendo dificuldades no trabalho e no seu antigo relacionamento. Talvez queira se perguntar: "Eu costumava me distrair no trabalho ou geralmente prestava toda a atenção no que era importante na hora?" Pense em sua vida fora do trabalho.

"Até que ponto você estava presente quando ficava com sua namorada? Ela era suficientemente importante para você concentrar toda a atenção nela quando os dois estavam juntos?

"Num relacionamento você precisa se concentrar na pessoa inteira. Estando mais consciente das qualidades 'boas' e 'más' dela, você pode abordar problemas potenciais, em vez de ser desviado por eles.

"Em vez de lhe dar exemplos de como outras pessoas usam o Presente para ser mais felizes e mais bem-sucedidas, será mais significativo você descobrir sozinho nas próximas semanas.

— Antes de eu ir — disse o rapaz — posso perguntar sobre o Passado e o Futuro?

— Chegaremos a essas áreas importantes mais tarde. Por enquanto, vamos ficar no Presente. Quando estiver no Presente e se concentrar no que é importante para você hoje, vai fazer muitas descobertas maravilhosas sozinho.

O rapaz achou que o velho sabia o que estava dizendo e deixou de lado as preocupações com o Passado e o Futuro. Assim que fez isso, sentiu-se melhor.

Sorriu. Sabia que lidar apenas com o hoje era mais simples e mais fácil. Sentia-se menos estressado e mais confiante.

Sabia que, se pudesse estar no Presente apenas por hoje, poderia fazer isso em outros dias.

Antes de sair, o rapaz anotou um resumo do que tinha descoberto até agora sobre estar no Presente:

Concentrar-se no que está acontecendo no momento.

Avaliar o que está certo na situação e trabalhar a partir disso.

Prestar atenção no que é importante agora.

Agradeceu ao velho e disse que estava preparado para ir trabalhar e tentar aplicar o que tinha descoberto.

Sabia que isso significava ter consciência tanto do que é bom quanto do que é ruim numa situação presente, de modo a poder superar obstáculos que poderiam impedi-lo de ser mais bem-sucedido.

Durante a semana seguinte, no trabalho, o rapaz reviu as anotações que tinha feito durante as conversas com o velho.

Depois se sentou para terminar um projeto que estava esperando havia tempo. Ele o estivera deixando de lado porque acreditava que seria difícil juntar todas as informações necessárias.

Então se lembrou de usar o que tinha aprendido.

Demorou um momento para estar no Presente. Respirou fundo, olhou em volta e apreciou o que estava *certo* agora!

Percebeu que podia não ter ganhado a promoção, mas ainda tinha o emprego. Tinha um bom ambiente de trabalho que era razoavelmente calmo e bem organizado.

E ainda tinha bastante oportunidade para fazer seu trabalho de um modo que lhe garantisse reconhecimento.

Percebeu que era fácil demais esquecer de desfrutar o que estava certo agora.

Então se concentrou no que era importante agora. Sabia que precisava fazer progresso num projeto e depois usar isso para aumentar a energia e a confiança de ter sucesso na próxima tarefa.

Começou a trabalhar nos problemas um por um. Esbarrou em alguns empecilhos. Mas em vez de se distrair e trabalhar em outra coisa, ficou no Presente.

Concentrava-se apenas no que precisava fazer no momento e ia em frente.

Para sua perplexidade, terminou em poucas horas. Mesmo sendo um projeto pequeno, ele se sentiu bem com o trabalho, sabendo que tinha realizado bem o serviço. Pensou:

"Faz muito tempo que eu não me sinto tão bem assim no trabalho."

"Ficar no Presente está realmente funcionando para mim."

O rapaz continuou a mergulhar no trabalho durante as semanas seguintes, mostrando um tipo de intensidade e concentração que raramente seus colegas tinham visto.

Antes de aplicar o que tinha aprendido sobre o Presente, costumava ficar devaneando durante as reuniões, pensando demais na promoção que esperava.

Agora sabia que era importante estar presente, se quisesse fazer um bom trabalho *hoje*.

Sabia que talvez não pudesse estar no Presente em todo momento da vida. Mas se pudesse fazer isso com bastante freqüência *hoje*, poderia fazer de novo amanhã. E, a cada dia que passasse mais tempo no Presente, isso iria torná-lo mais feliz e mais eficaz e bem-sucedido.

Agora, quando outras pessoas falavam, ele deixava de lado o que estivera pensando e se concentrava no que elas diziam. Fazia um esforço para participar, desafiando-se a oferecer pelo menos uma idéia nova.

Rapidamente, os clientes e os colegas de trabalho notaram a mudança no rapaz. Seu antigo jeito distraído se transformara num interesse genuíno pela necessidade deles, e pelo que poderia fazer para ajudá-los e à organização.

Na vida pessoal, seus amigos também notaram uma mudança. Ele ouvia mais atentamente o que diziam, do mesmo modo como o velho o tinha ouvido.

A princípio precisava se esforçar muito para se concentrar no Presente, e não cair no arrependimento pelo Passado ou na preocupação com o Futuro. Mas à medida que treinava ficar no Presente, descobriu que isso ia se tornando mais fácil.

Em resultado da mudança de postura, seu trabalho e sua vida melhoraram.

O aumento em sua paixão e no comprometimento chamaram a atenção do chefe, bem como dos amigos.

Ele estava começando a perceber que tinha mais probabilidade de ser promovido quando trabalhava melhor, e que realmente merecia ser recompensado. Seu ressentimento com relação ao chefe começou a sumir, pelo menos de vez em quando.

O mais importante era que ele tinha conhecido uma jovem maravilhosa e estava desenvolvendo um ótimo relacionamento com ela.

Tudo parecia estar indo melhor para ele. Quanto mais tempo passava no Presente, mais se sentia vivo e no controle da sua vida. Sentia-se mais confiante, mais forte e mais produtivo.

Apreciava o que tinha, prestava atenção no que era importante e, acima de tudo, estava *desfrutando* isso.

Não era de espantar que o velho tivesse dito que o Presente é o melhor presente que você pode dar a si mesmo.

Passado algum tempo, justo quando ele achou que sabia como estar no Presente, outro problema surgiu.

A dificuldade começou quando ele estava trabalhando com outra pessoa num projeto para o chefe. A outra pessoa se esforçava pouco e oferecia poucas idéias. Em vez de conversar com a pessoa sobre a necessidade do esforço conjunto, ou de falar com o chefe sobre o problema, o rapaz assumiu o trabalho pessoalmente.

Em pouco tempo tinha ficado para trás.

Então perdeu um prazo.

Era um projeto importante, e o chefe expressou seu desapontamento.

O rapaz sabia que tinha fracassado. Sua confiança nas capacidades recém-encontradas começou a se esvair.

O que tinha dado errado? Ele pensou que estivera freqüentemente absorvido no momento presente.

O rapaz desapontado sentou-se com os ombros caídos e a cabeça baixa sobre a mesa. Estava cansado.

Imaginou o que o velho faria na mesma situação.

Inseguro, voltou para falar com ele.

Aprendendo

O VELHO notou que o rapaz parecia desestimulado, mas o recebeu calorosamente.

— Eu estava esperando você.

O rapaz começou:

— O senhor me disse que estar no Presente iria me tornar mais feliz e mais bem-sucedido no que faço. Trabalhei duro para ficar no Presente, e já posso ver o bem que isso me fez. Mas parece que não basta.

— Não estou surpreso — disse o velho. — Para abraçar por inteiro o Presente você deve fazer mais do que apenas viver no momento presente. Mas esperei até você descobrir isso sozinho.

O velho pediu para o rapaz contar o problema, e depois disse:

— Então você reagiu à falta de apoio do seu colega assumindo todo o fardo, em vez de abordar o problema.

E perguntou:

— Você não me disse que já fez esse mesmo tipo de coisa antes?

— É — admitiu o rapaz. — É porque jamais gostei de confrontos. Meu chefe disse que esse é um dos motivos para eu ter problemas de administração e liderança.

Então acrescentou:

— E não é só no trabalho. Minha antiga namorada dizia que eu ignorava nossos problemas, também. É um dos motivos para termos rompido. E de vez em quando penso na promoção que não tive. Não sei por que estou tendo tanta dificuldade para abandonar isso.

O velho falou:

— Talvez isto ajude:

É difícil abandonar
o Passado se você
não aprendeu
com o Passado.

Assim que aprende
e o deixa de lado,
você melhora o Presente Hoje.

— GOSTO disso — disse o rapaz. — Faz muito sentido.

Então perguntou:

— O senhor se incomoda se eu mudar de assunto e perguntar como o senhor sabe tanto?

O velho riu.

— Bem, passei muitos anos trabalhando para uma organização interessante. Ouvia o que as pessoas diziam sobre o trabalho e a vida. Algumas estavam tendo dificuldades, e outras se saíam bem. Mas notei que havia padrões comuns.

— O que o senhor notou com relação às pessoas que estavam tendo dificuldade?

O velho podia sentir o que estava se passando com o jovem.

— É interessante ver que você não perguntou sobre as pessoas que estavam se saindo bem.

— Argh — disse o rapaz.

— Argh está certo. Talvez você queira examinar por que tende a começar com o que está errado e ver se isto está realmente funcionando para você. — Em seguida o velho disse: — Eu sei que você está tendo dificuldades, então vamos começar aí, se você quiser. Muitas pessoas que tinham as maiores dificuldades estavam preocupadas com os erros que haviam cometido, ou com os erros que tinham medo de cometer. Algumas sentiam raiva por causa de alguma coisa que tinha acontecido no trabalho no Passado.

— Eu conheço esse sentimento.

— As pessoas que estavam se saindo bem, contudo, se concentravam no trabalho a ser feito naquele momento. Cometiam erros como todo mundo, mas podiam aprender com eles, deixá-los de lado e ir em frente. E não falavam tanto sobre o que havia de errado.

O velho continuou:

— Parece que, em vez de olhar o seu Passado e aprender com ele, você optou por ignorá-lo. Muitas pessoas evitam olhar para o Passado porque não querem ser perturbadas por ele. Dizem coisas como: "Minhas experiências passadas me trouxeram aonde estou hoje." Não se perguntam onde estariam hoje se tivessem olhado as experiências passadas e aprendido com as coisas que não deram certo. Em resultado, aprendem pouco ou nada.

— Então, como eu, elas ficam cometendo os mesmos erros. Nessas áreas, o Presente delas é igual ao Passado.

— Muito bem dito — respondeu o velho. — Quando você não usa seus sentimentos com relação ao Passado para aprender com suas experiências, você perde a alegria do Presente. Assim que você realmente tiver aprendido com o Passado, é mais fácil desfrutar o Presente. Mesmo sendo verdadeiro que não devemos viver no Passado, porque então você *não* estará vivendo no Presente, é importante *usar* o Passado para aprender com os erros. Ou, se você se saiu bem no Passado, olhar o motivo e trabalhar a partir dos sucessos.

O rapaz ficou confuso. Perguntou:

— Quando devo estar no Presente, e quando devo aprender com o Passado?

— É uma boa pergunta.

Talvez você ache útil o seguinte:

Sempre que você está
infeliz no Presente
ou sentindo-se malsucedido

é hora de você aprender
com o Passado ou
ajudar a criar o Futuro.

— **DUAS** coisas que podem lhe roubar a alegria do Presente incluem: seus pensamentos negativos sobre o Passado e seus pensamentos negativos sobre o Futuro.

O velho sugeriu:

— Talvez você ache útil começar a observar primeiro o que acha do Passado. Vamos ao Futuro mais tarde.

— Então, sempre que eu sentir que há alguma coisa interferindo no modo como desfruto o Presente e na minha capacidade de me sair bem, é hora de olhar o Passado e aprender com ele.

— Sim — respondeu o velho. — A hora de aprender é qualquer momento em que você sentir que quer tornar o Presente melhor do que o Passado. Quando você está chateado, ou tem algum sentimento negativo com relação ao Passado que esteja interferindo no Presente, é quando você precisa dar um tempo para olhar o Passado e aprender com ele.

— Por que o momento em que estou sentindo uma coisa negativa é uma boa hora para aprender? — perguntou o jovem.

— Porque você pode usar seus sentimentos para ensiná-lo.

— Então, como é que aprendo?

— O melhor modo que conheço é fazer a você mesmo três perguntas e respondê-las do modo mais honesto e com a maior sinceridade que puder:

"O que aconteceu no passado?

"O que aprendi com ele?

"O que posso fazer de modo diferente agora?"

O rapaz pensou por um momento e disse:

— Em outras palavras, a gente olha para um erro que cometeu e como se sente a respeito disso. E depois percebe como poderia fazer coisas diferentes agora.

— É. E não seja duro demais com você. Lembre-se de que fez o máximo que sabia na época. Agora que você sabe mais, pode fazer melhor.

— Então, quando a gente se comporta do mesmo modo, tem os mesmos resultados. Mas quando se comporta de modo diferente, tem resultados diferentes.

— É, a boa notícia é que, quanto mais você aprende com o Passado, menos se arrepende. E mais tempo tem no Presente.

Antes de sair, o rapaz fez várias outras anotações:

Ver como se sentiu acerca
do que aconteceu
no Passado.

Aprender alguma coisa
valiosa com ele.

Usar o que aprendeu
para tornar seu trabalho
e sua vida melhores hoje.

Você não pode mudar o Passado,
mas pode aprender com ele.

Quando surgir a mesma situação,
você pode fazer as coisas de
modo diferente e tornar-se
mais feliz e mais eficaz
e bem-sucedido hoje.

NA manhã seguinte, a caminho do trabalho, o rapaz pensou no que o velho tinha dito.

Naquele dia trabalhou duro para ficar totalmente engajado no momento presente e procurou oportunidades para aprender com o Passado.

Quando a mesma pessoa deixou de colaborar com sua parte da tarefa, ele conversou honestamente com ela sobre suas preocupações.

A princípio ela pareceu se ressentir e resistir aos pedidos do rapaz. Mas quando terminaram a reunião a colega estava feliz por o rapaz ter sido honesto com ela. Entendeu a necessidade de fazer bem o trabalho. Até disse que estava ansiosa para isso.

O rapaz se sentiu bem por ter aprendido com a experiência do passado e por ter agido de modo diferente. Nas semanas seguintes, usando o que tinha aprendido, ficou mais eficiente no trabalho todos os dias.

Seu relacionamento com os outros no serviço também melhorou. Em conseqüência, seu chefe lhe deu mais responsabilidade, e ele foi promovido.

Na vida pessoal, o relacionamento com a jovem com quem estava passando cada vez mais tempo continuou a crescer e se transformar numa coisa muito importante para os dois.

Durante um tempo ele prosperou.

Mas à medida que enfrentava exigências cada vez maiores com relação ao seu tempo, inerentes ao novo cargo, passou a achar difícil lidar com tudo simultaneamente e com sucesso.

Contudo, quando se lembrava de respirar fundo e se concentrar no momento presente, isso ajudava muito.

Não obstante, chegava a cada manhã e encontrava mais trabalho para fazer.

Não havia desenvolvido uma programação diária e não tinha certeza do que deveria fazer primeiro. Passando de um projeto para outro, demorava tempo demais em coisas menos importantes, enquanto as tarefas mais importantes que precisavam ir em frente não eram abordadas.

Em pouco tempo os projetos fugiram ao seu controle. Quando seu chefe o confrontou, o rapaz só pôde levantar as mãos diante da quantidade de trabalho que tinha, com pouco tempo para realizá-lo. O chefe começou a se perguntar se deveria ter promovido o rapaz.

Desencorajado e inseguro quanto ao que fazer, de novo o rapaz foi visitar seu amigo, o velho.

Criando

— COMO vai? — perguntou o velho.

O rapaz deu um riso inquieto e disse:

— Algumas vezes, os dias são bons, outros não tanto. — E falou de suas dificuldades. — Não entendo — continuou o rapaz. — Estive com freqüência imerso no Presente. As pessoas comentam sobre minha capacidade de me concentrar totalmente no que faço. Trabalhei na aprendizagem com o Passado, sem me demorar em arrependimentos passados. Uso o que aprendi e me saio melhor agora. Mas não posso cuidar de tudo. Talvez o serviço seja grande demais para mim.

O velho assentiu.

— No momento pode ser. O que você não percebe é que há um último elemento do Presente que ainda não descobriu. É, você está aprendendo com o Passado e usando essas lições para melhorar o Presente. E ao viver mais plenamente no Presente sinto que você aprecia mais o mundo que o cerca e é mais eficiente nele. De modo que está fazendo um grande progresso. Mas o que ainda não percebeu é a importância de um terceiro elemento: O Futuro.

— Mas quando vivo demais no Futuro, fico ansioso — disse o rapaz. — Sei disso quando fico sonhando com a casa que quero ter, ou com as promoções que espero receber, ou com a família que quero formar. Não estou vivendo no Presente. E me sinto perdido.

— É verdade — disse o velho. — Ainda que não seja sensato *estar* no Futuro, porque assim você se perde na preocupação ou na ansiedade, é de fato sábio ajudar a criar o Futuro. O melhor modo de tornar o Futuro melhor do que o Presente, além de ter sorte, é ajudar a criá-lo. Mesmo que, por acaso, você tenha "sorte", sua sorte pode acabar. E isso pode levar a outros problemas. De modo que você não pode depender só da sorte como um meio de ter um Futuro melhor.

— O que quer dizer com "Ajudar a criar o Futuro?" — quis saber o rapaz. — E como criar o Futuro se relaciona com estar no Presente?

— Bem, todos nós ajudamos a criar uma parte do futuro — revelou o velho. — Mais do que percebemos.

— É óbvio que ninguém pode controlar o futuro.

— Todavia, aquilo que fazemos e em que acreditamos *hoje*, no Presente, cria uma parte importante do que acontece amanhã. Se você tiver pensamentos negativos a respeito do Futuro, no trabalho ou na sua vida, e se as suas ações são negativas hoje, você cria resultados piores amanhã.

— Então — disse o rapaz —, se aquilo em que acredito e faço hoje é positivo, eu ajudo a criar um amanhã *melhor*!

— Sim. Você pode depender disso — replicou o velho. — É desse jeito que funciona... para todo mundo!

A seguir, o velho sugeriu:

— Se você quiser ajudar a criar o Futuro, comece por estar no Presente. Antes de mais nada, desfrute o que é positivo no momento Presente, exatamente agora! Depois imagine como pareceria um futuro melhor, faça um plano realista para ajudá-lo a acontecer.

— Então, a primeira coisa que faço é imaginar o futuro.

— Sim, em detalhes, para que lhe pareça real. Em seguida faça um plano. Ele é a sua bússola. Permite-lhe ver para onde está indo e o ajuda a concentrar-se no que precisa fazer no Presente para realizar o Futuro que você deseja.

"Planejar, e fazer alguma coisa hoje para ajudar que isto aconteça, reduz o medo e a incerteza porque você está ativamente dando passos rumo ao sucesso futuro. Você sabe o que está fazendo e por que o faz, porque vê que isto o conduz para o Futuro que ambiciona. Talvez você queira pensar desta maneira:

Ninguém pode prever
nem controlar o Futuro.

Porém, quanto mais claramente
imagina o que quer ver acontecendo,
faça planos para isso e realize
algo hoje para ajudar a
acontecer. Quanto
menos ansioso fica
no Presente, você
mais conhece o Futuro.

— **A FALTA** de imaginação, planejamento e realização, tanto no trabalho quanto na vida — continuou o velho —, é o motivo mais comum para não alcançarmos o que poderíamos ser.

— Então, quando é que ajudo a criar o Futuro?

— Depois que apreciar pela primeira vez o Presente, e respeitar o que tem agora. E depois, sempre que quiser tornar o Futuro melhor do que o Presente.

— E qual o senhor acha que seja o melhor modo de fazer isso?

— Respondendo a essas perguntas:

"O que é positivo acerca do momento presente e como me faz sentir?"

"Como seria um futuro maravilhoso?"

"Quais são meus planos para ele acontecer?"

"O que estou fazendo hoje para ajudá-lo a acontecer?"

— Quanto mais claramente você pintar um quadro realista do futuro que deseja, e acreditar que ele é possível, mais fácil fica criar seu plano. E uma vez que tiver um plano, pode revisá-lo à medida que junta mais informações e experiências, para que ele se torne "um plano vivo" que seja mais flexível, realista e exeqüível. O importante é *fazer* alguma coisa *hoje*, mesmo que você ache que é uma coisa pequena, para ajudar esse futuro maravilhoso a acontecer.

O rapaz anotou:

Começando hoje,
visualizar como seria um
Futuro maravilhoso.

Planejar.

E fazer coisas que o ajudem
a acontecer.

Uma luz brilhou nos olhos do rapaz.

— Aquelas três etapas são muito úteis. Quando não planejo fazer essas coisas, perco o caminho. Tenho mais probabilidades de gastar tempo com coisas que não importam, e fico com menos tempo para as coisas que realmente precisam da minha atenção. Agora estou começando a ver que é por isso que me sinto tão atolado. Não dou um tempo para imaginar e planejar e depois fazer meu plano funcionar.

O velho sugeriu:

— Talvez você queira pensar nas três partes do Presente como um tripé que sustenta uma máquina fotográfica valiosa, perfeitamente equilibrada nas três pernas: Estar no Presente; Aprender com o Passado e Ajudar a criar o Futuro. Se retirar uma perna, o tripé tomba. Mas apoiado nas três, ele funciona. Assim como seu trabalho e sua vida vão funcionar. Mas se não estiver no Presente, não perceberá o que está acontecendo. Se não tiver aprendido com o Passado, não está pronto para criar o Futuro. E se não tem nenhum plano para o Futuro, você está à deriva. Quando você equilibra seu trabalho e sua vida num tripé composto pelo Presente, o Passado e o Futuro, consegue uma imagem muito mais clara. E pode enfrentar melhor as adversidades.

REFLETINDO sobre o que o velho tinha dito, o rapaz voltou ao trabalho mais empolgado e com mais clareza.

A cada manhã imaginava o que queria ver acontecer e planejava seu dia ao mesmo tempo em que permanecia suficientemente flexível para encarar as surpresas do dia. Estabelecia objetivos para cada semana e cada mês.

Bem antes das reuniões revisava o que queria alcançar.

Quando era informado de um prazo, estabelecia uma programação, com uma hora para tarefas específicas.

Pegou-se usando o mesmo tipo de planejamento na vida pessoal. Anotava os acontecimentos em sua agenda e planejava de acordo.

Quando se encontrava com os amigos, reservava um tempo extra para chegar ao local. Em casa e no trabalho deixou de esperar até o último momento.

Ao imaginar o Futuro e planejar para ele, melhorava o Presente, e tinha mais condições de motivar os outros e realizar mais. E nunca se sentiu mais feliz, mais no controle de sua vida.

Com o passar do tempo seu chefe, reconhecendo como ele era eficiente, promoveu-o de novo.

E, talvez mais importante, o rapaz ficou noivo e passou a imaginar e planejar com a parceira de sua vida o futuro de ambos.

Agora, a cada dia o rapaz ia trabalhar usando o que tinha aprendido: ficar no Presente com freqüência, aprender com o Passado e ajudar a criar o Futuro.

Estava dando resultado. Ele era bom no trabalho, tinha o respeito dos colegas e confiança em que podia realizar a maioria das tarefas.

Até que um dia no trabalho o rapaz compareceu a uma reunião de orçamento. Sabia que as vendas da empresa estavam caindo. A economia tinha desacelerado, mas ele precisava admitir que alguns dos concorrentes estavam oferecendo produtos melhores a custo menor.

Assim, não ficou surpreso quando o pessoal financeiro recomendou um corte geral nos custos. Isso significava que ele e todos os outros provavelmente perderiam várias pessoas e outros recursos importantes.

Durante a reunião concentrou-se no que estava acontecendo. Ouviu alguém dizer que os banqueiros tinham recomendado eliminar o caro departamento de Pesquisa e Desenvolvimento durante pelo menos um ano. Isso poderia economizar muito dinheiro rapidamente. Muitas pessoas na reunião acharam que a recomendação fazia sentido.

Mas uma mulher disse que eles não estavam abordando o problema verdadeiro. Era exatamente o que o rapaz estivera pensando.

Ele pediu para falar:

— Talvez nosso problema real seja que os produtos que vendemos atualmente não são tão bons quanto os dos concorrentes. Se cortarmos as despesas em pesquisa e desenvolvimento, economizamos dinheiro agora. Mas se não investirmos em nós mesmos e desenvolvermos produtos bons para o Futuro, a empresa em si pode correr o perigo de falir dentro de poucos anos.

Seus comentários estimularam fortes discussões no grupo.

Mais tarde, durante a semana, com o apoio de seu chefe, o rapaz compilou um relatório sobre o que os clientes queriam de seus novos produtos.

Quando começou a descrever possíveis produtos novos, pintou uma imagem de como poderia ser o futuro maravilhoso da empresa.

Nos meses seguintes, várias pessoas começaram a usar a imaginação e tomar as atitudes necessárias para desenvolver os produtos que os clientes queriam.

Ainda que nem todos os produtos tenham correspondido às expectativas, um se tornou um sucesso enorme e a empresa voltou a prosperar.

O rapaz agradeceu por ter aprendido a ajudar a criar o Futuro. Ele e sua organização se beneficiaram disso.

COM o passar dos anos o jovem se tornou um homem.

Permaneceu em contato com o velho, que gostava de saber que o homem era mais feliz e mais eficaz e bem-sucedido tanto no trabalho quanto na vida pessoal.

Mas um dia aconteceu o inevitável.

O velho morreu.

Sua voz sábia não podia mais ser ouvida.

O homem ficou atordoado. Não sabia como reagir.

Compareceram ao enterro alguns dos homens e mulheres mais importantes da cidade, bem como meninos e meninas dos clubes que o velho tinha patrocinado.

Muitos se levantaram para contar histórias extraordinárias sobre o velho. Parecia que ele tinha ajudado muitas pessoas.

Enquanto ouvia, o homem percebeu como o velho era realmente extraordinário. Tinha feito uma enorme diferença na vida de muitas pessoas.

O homem pensou:

— O que eu poderia fazer para ser mais parecido com o velho e ajudar os outros?

PROCURANDO respostas, voltou ao bairro onde passara tantos momentos felizes na infância.

Havia anos seus pais tinham se mudado de lá, e as únicas ocasiões em que voltava eram para visitar o velho.

Agora a casa do velho estava vazia, com uma placa de "À venda" enfiada no gramado. Ele olhou o balanço da varanda, onde o velho costumava passar as tardes.

Foi até a varanda e sentou-se cautelosamente no balanço, temendo que as correntes velhas pudessem rebentar. Enquanto se apoiava nas ripas de madeira gastas, o único som que ouvia eram os estalos do balanço.

Pensou em tudo que tinha aprendido com o velho.

Sabia que tinha descoberto como apreciar o Presente.

Agora era capaz de ficar no Presente com mais freqüência, concentrando-se no que estava certo neste momento, e prestando atenção ao que era importante hoje.

E achava isso extraordinariamente útil.

Sempre que se concentrava totalmente no que estava fazendo, era mais eficaz e certamente mais bem-sucedido.

Usava o que tinha aprendido com o Passado para melhorar o Presente. Não tinha repetido tantos erros anteriores.

Havia descoberto que ajudar a criar o Futuro de maneira positiva podia com freqüência torná-lo melhor. Mas ainda achava necessário colocar tudo em perspectiva, especialmente agora que não contava mais com o velho.

O homem fechou os olhos e se balançou devagar, concentrando-se apenas no Presente. Sentia-se em paz.

Aos poucos começou a sentir a presença do velho. Era como se estivesse sentado com ele na varanda.

Quase podia ouvir a voz do velho repassando as muitas conversas que tiveram. Voltou a experimentar a sabedoria das palavras do velho, e sentiu o calor da sua compaixão.

Imaginou por que o velho passara tanto tempo ajudando-o e a outras pessoas a aprender sobre o Presente.

O velho tinha muitas coisas a fazer com seu tempo. Por que havia optado por compartilhar o Presente com os outros, em vez de buscar coisas mais pessoais?

O homem continuou balançando, de olhos fechados, agora concentrando a energia somente nessa pergunta. Aos poucos, a resposta começou a surgir.

O velho fazia essas coisas porque tinha um Propósito que se estendia além do ganho pessoal. Seu Propósito — seu motivo para se levantar de manhã — era ajudar o máximo possível de pessoas a se tornarem mais eficazes e bem-sucedidas no trabalho e na vida.

Tudo que o velho fazia era sabendo qual era o seu Propósito. Fosse partilhando o que sabia sobre o Presente, liderando uma reunião empresarial ou passando tempo de lazer com a família, funcionava e vivia com Propósito.

E era esse sentido de Propósito que amarrava o Presente, o Passado e o Futuro... e dava maior significado ao seu trabalho e à sua vida.

O homem abriu os olhos. Era isso! Esse era o fio que amarrava tudo.

O Presente é o dom que dá significado ao seu trabalho e à sua vida.

Pegou seu caderno e anotou:

Viver no Presente, aprender com o Passado e ajudar a criar o Futuro não é tudo.

Só quando você trabalha e vive com Propósito e reage ao que é importante com relação ao Presente, ao Passado e ao Futuro é que tudo isso tem significado.

O homem parou e olhou as palavras que tinha acabado de escrever. Pensou no que elas significavam.

Entendeu que ter um Propósito significa não somente saber *o que* fazer, mas *por quê*.

Trabalhar e viver com propósito não é algum grande esquema ou plano de vida. É uma abordagem prática à vida cotidiana.

Significa acordar a cada dia e ver que significado ele terá para você e para os outros, em resultado de suas ações.

Percebeu:

A maneira como você reage
depende do seu Propósito.

Quando quiser ser mais feliz
e mais eficaz,
é hora de estar
no momento Presente.

Quando quiser que o Presente
seja melhor do que o Passado
é hora de aprender com o Passado.

Quando quiser que o Futuro
seja melhor do que o Presente,
é hora de ajudar a criar o Futuro.

Quando você vive e
trabalha com Propósito

e reage ao que é
importante hoje,

você se mostra mais capaz de
liderar, administrar, apoiar,
ser amigo e amar.

Agora o homem percebia que tinha de criar seu Futuro sem o mentor de confiança para guiá-lo.

Perguntou a si mesmo se sabia o suficiente.

Então sorriu. Sabia o que o velho iria dizer:

O homem sabia o suficiente. Tinha o suficiente. Era o suficiente. Hoje!

Algumas pessoas optam por receber o Presente quando são jovens. Outras na meia-idade. Algumas quando são muito velhas. E algumas nunca o recebem.

Enquanto o homem se balançava, optou por retornar ao Presente.

Tinha encontrado o seu Propósito. Iria compartilhar com os outros o que havia descoberto!

Sentiu-se feliz e bem-sucedido.

Refletindo no que era o sucesso, sabia que ele significava coisas diferentes para pessoas diferentes.

O sucesso podia ser uma vida mais pacífica; fazer um trabalho melhor; desfrutar mais tempo de qualidade com a família e os amigos; ser promovido; estar fisicamente em melhor forma; ganhar mais dinheiro; ou simplesmente ser uma pessoa melhor que ajude as outras.

Com o que o velho tinha lhe ensinado, e com o que ele havia descoberto pelas próprias experiências, percebeu:

Ter mais sucesso significa tornar-se mais quem você é capaz de ser.

Cada um de nós define para si mesmo o que significa ser mais bem-sucedido.

O HOMEM percebeu que tinha aprendido a usar as ferramentas que podem tornar melhores a cada dia a vida e o trabalho de qualquer pessoa.

Era tão simples!, pensou. O Presente o alimentava, ajudado pelas lições aprendidas com o Passado e pelas metas que tinha para o Futuro.

E ao reagir no Presente, tornou-se mais eficaz e bem-sucedido.

Concentrava-se no que importava agora. Era capaz de ver e enfrentar oportunidades e desafios que apareciam. E era capaz de apreciar os colegas, a família e os amigos.

Também percebeu que, como era apenas humano, nem sempre era capaz de ficar no Presente. Poderia perder seu rumo de vez em quando. Mas, quando acontecia, lembrava a si que podia voltar ao Presente sempre que quisesse ser mais feliz e eficaz.

O Presente estaria sempre ali para ele. Podia assumir esta dádiva sempre que quisesse.

Decidiu anotar um resumo do que tinha aprendido.

Iria mantê-lo à sua frente, sobre a mesa de trabalho, onde poderia ser lembrado diariamente.

O Presente

Três Modos de Usar seus Momentos Presentes Hoje!

Estar no Presente
Quando Você quiser Ser Mais Feliz e Mais Eficaz
Concentre-se no que Está Certo Agora.
Use seu Propósito para Reagir ao
que É Importante Hoje.

Aprender com o Passado
Quando Você quiser Tornar o Presente
Melhor do que o Passado
Olhe o que aconteceu no Passado.
Aprenda alguma coisa valiosa com ele.
Faça as coisas de modo diferente Hoje.

Ajudar a Criar o Futuro
Quando Você Quiser Tornar o Futuro
Melhor do que o Presente
Visualize como seria um Futuro maravilhoso.
Crie um plano realista.
Faça algo hoje para ajudá-lo a acontecer
Realize seu Propósito.
Explore maneiras de tornar sua vida e
seu trabalho mais significativos.

Nos anos seguintes o homem usou repetidamente o que tinha aprendido.

Descobriu que nem sempre era capaz de ficar no Presente, mas ao usar o Presente para ser mais feliz e mais bem-sucedido hoje, este se tornava cada vez mais uma parte de sua vida.

O homem realizava ajustes no caminho, dependendo das situações que encontrava. Tornou-se cada vez melhor no que fazia.

Recebeu muitas promoções merecidas.

Por fim chegou à chefia de sua empresa, era respeitado e admirado pelos que o conheciam.

Estar com ele fazia com que as pessoas próximas se sentissem mais vivas. Em sua presença elas se sentiam melhor consigo mesmas.

Ele parecia ouvir melhor do que a maioria das pessoas, sabia prever e resolver problemas, e ver as soluções antes de todo mundo.

Na vida pessoal tinha criado uma família amorosa. Sua mulher e filhos o estimavam tanto quanto gostava deles.

Em muitos sentidos, ficara parecido com o velho que tanto admirava.

Gostava de compartilhar com os outros o que havia descoberto sobre o Presente.

Sabia que muitas pessoas apreciavam a história e aprendiam com ela, ao passo que outras não.

Percebeu, claro, que isso era problema delas.

Certa manhã, um grupo de novos empregados se reuniu na sala do homem. Ele tinha a tradição de receber pessoalmente todos os novos funcionários.

Uma jovem notou o cartão emoldurado com o título *O Presente* e disse:

— Posso perguntar por que o senhor mantém isso na mesa?

— Certamente — respondeu ele. — O que está no cartão é o resumo de uma história prática e inspiradora que ouvi de um homem surpreendente. Tem a ver com ser mais feliz e mais eficaz e bem-sucedido hoje; no sentido mais amplo dessas palavras. E ajudar a pessoa a realizar seu propósito. Descobri que é de grande ajuda para mim. Por isso não canso de me lembrar de fazer o que funciona tão bem.

Várias pessoas do grupo olharam o cartão.

— Posso ver? — perguntou a mulher.

— Claro.

O homem lhe entregou o cartão emoldurado.

A jovem leu devagar, e depois passou aos outros.

Depois de ler o cartão, a jovem disse:

— Isso parece que pode ser muito útil numa situação que estou enfrentando agora. — Enquanto devolvia o cartão, acrescentou: — Podemos ouvir a história?

O grupo se reuniu na mesa de reuniões para ouvir a história. Depois tiveram uma animada discussão sobre como poderiam usar o Presente em seu trabalho e suas vidas. Antes de saírem, cada um ganhou uma cópia do cartão.

Nos meses seguintes o homem notou que alguns dos novos empregados pareciam abraçar o Presente. Os que faziam isso prosperavam. Outros eram céticos, ou simplesmente o deixavam de lado.

Algum tempo depois, a jovem que perguntou sobre o Presente entrou de novo em sua sala.

Ela havia assumido mais responsabilidades e parecia ser excelente no trabalho.

— Eu só queria lhe agradecer pela história do Presente — disse ela. — Mantenho meu próprio cartão e o consulto com freqüência. Tem sido muito valioso.

Então ela saiu da sala do homem.

Com o passar do tempo, a mulher compartilhou a história com sua família, com os amigos e colegas de trabalho.

Muitas pessoas que ouviam a história prosperavam, bem como suas organizações.

E o homem ficou satisfeito em ver que o que tinha aprendido com o velho estava ajudando a geração seguinte.

VÁRIAS décadas depois, o homem, agora feliz, próspero e respeitado, havia se tornado um velho também.

Seus filhos haviam crescido e também constituíram famílias. Sua mulher havia se tornado sua melhor amiga e companheira mais íntima.

Apesar de ter se aposentado, o Presente continuava a lhe proporcionar abundante energia, e ele e a mulher se dedicavam generosamente a outros empreendimentos na comunidade.

Um dia, um jovem casal com uma menininha se mudou para a mesma rua. Em pouco tempo a família veio fazer uma visita.

A menina gostava de ouvir "o velho", como passou a chamá-lo. Era divertido estar com ele. Havia algo de especial nele, embora não soubesse o que era. Ele parecia feliz e fazia com que ela se sentisse mais feliz e melhor consigo mesma.

"O que torna o velho tão especial?", perguntava-se ela. "Como alguém tão velho pode ser tão feliz?"

Um dia ela perguntou. O velho sorriu. Contou a ela sobre o Presente.

A garotinha pulou de prazer.

Enquanto ela saía correndo para brincar, o velho a ouviu exclamando:

— Uau! Espero que um dia alguém me dê...

O Presente!

Depois da história

Depois da história

Quando Bill terminou a história, Liz sorriu e falou:

— Uau, eu precisava disso.

Ela ficou em silêncio um momento, enquanto refletia.

Então disse:

— Como você provavelmente notou, fiz muitas anotações. Obviamente há muito em que pensar. Gostei da parte sobre se concentrar no que está acontecendo agora e obter os benefícios *hoje*! Sempre achei que o sucesso era alcançar o resultado final. Mas é útil ver que a gente pode se tornar mais bem-sucedida simplesmente progredindo em direção ao que acha importante a cada dia, *um dia* de cada vez. Não precisa acontecer tudo de uma vez. E assim fica mais fácil.

Por fim ela disse:

— Muito obrigada por compartilhar a história, Bill. Acho que vou tentar colocá-la em ação e ver o que acontece para mim. Depois disso podemos conversar de novo?

— Claro — concordou Bill.

— Foi ótimo encontrar você. — E, depois de mais alguns instantes de amenidades, ela foi embora.

Quando ela saiu, Bill ficou imaginando o que sua amiga teria ganhado com a história.

Precisaria esperar um tempo para descobrir.

Até que certa manhã, no trabalho, após sua reunião semanal de equipe, Bill achou um recado na secretária eletrônica. Era de Liz.

— Bill, você está livre para almoçar um dia desses?

Vários dias depois, quando Bill chegou ao restaurante, Liz já havia chegado. Não parecia cansada nem ansiosa — pelo contrário. Ele disse:

— Você está ótima, Liz. Como vão as coisas?

Ela sorriu.

— Você se lembra daquela história que me contou, *O Presente*?

Ele assentiu.

— Claro que lembro.

— Bem, muitas coisas aconteceram desde então, e mal pude esperar para contar a você.

"Depois do nosso encontro, vi que você tinha mudado muito desde que trabalhamos juntos. E para melhor!

"Assim, mesmo tendo algumas dúvidas, comecei a pensar mais na história porque ela obviamente tinha dado certo para você.

"Alguns dias depois, no trabalho, pensei nela de novo.

"Eu estava ficando estressada com a minha chefe. Estava trabalhando demais e cansada, e ela vinha pressionando a gente para fazer mudanças nos planos de marketing. Mudanças que eu não achava necessárias. E, devido a todo o resto que tínhamos de fazer, acho que me sentia ressentida com ela por pedir mais.

"Ela ficava falando sobre como a economia e o mercado estavam mudando, e como nós precisávamos nos adaptar. Mas eu não queria ouvir.

"Era o mesmo velho discurso que ela já havia feito. Disse que há muito tempo era necessário um novo plano de marketing. Mas dessa vez falou que eu ainda estava deitada na cama dos meus sucessos antigos. Que estava grudada no Passado.

"Minha primeira reação foi bloquear o que ela disse, já que sabia de quantos outros projetos eu precisava fazer.

"Mas me lembrei da parte da história em que o velho falou: *'Você pode aprender com o Passado, mas não é sensato estar no Passado.'* Comecei a imaginar se era lá que eu estava há tempo demais: no Passado.

"E me preocupava um bocado com o Futuro. Sentia-me despreparada para ele.

Ela riu e disse:

— Acho que estive passando tempo quase em todo lugar, menos no Presente! De qualquer modo, pensei na história, especialmente na parte do fim.

— Que parte? — perguntou Bill.

— Aquela em que o homem percebeu que estar no Presente significa saber qual é o seu Propósito agora, e *reagir* a ele.

"A princípio não entendia. Mas de vez em quando me pegava parando e pensando: Qual é o meu Propósito agora? E o que estou fazendo para torná-lo uma realidade?

"Foi então que revi as anotações que tinha passado a limpo, para ficar mais compreensíveis. E acrescentei alguns modos para colocar em prática o que tinha aprendido. Então tentei.

"A primeira vez foi em casa um dia de manhã, quando estava me preparando para ir trabalhar. Com muita freqüência eu me sentia 'ocupada demais' durante o café da manhã, quando meu filho mais novo queria minha atenção.

"Mas quando me concentrei no Presente e percebi que meu Propósito naquele momento era apreciar ser uma boa mãe, ser capaz de dar a atenção de que meu filho precisava — estar realmente presente com ele. Ouvi o que era importante para ele naquele momento. Isso tornou meu filho e a mim mais felizes. Realmente desfrutei do Presente.

"É incrível ver como é preciso pouco esforço para estar totalmente no Presente, e que grande diferença faz *aquele dia*.

Bill deu um sorriso e Liz falou:

— Estou surpreso com o grande efeito que a história está tendo, não somente em mim, mas em outras pessoas a quem contei.

— Outras?

— Bem, por exemplo, um dia, um dos nossos principais vendedores parecia estar se sentindo na pior. Por isso sugeri que tomássemos café juntos.

"Quando perguntei o que o estava incomodando, ele reclamou de que sua comissão era apenas metade do que tinha recebido nesta época no ano passado. Perguntei por que, e ele disse algo do tipo: Agora o mercado está terrível. Ninguém consegue vender nesse tipo de ambiente.

"Então ele começou a ficar realmente agitado. Disse: 'Meu chefe acha que o motivo para eu não fechar tantas vendas quanto antes é porque estou afrouxando. Não pude acreditar. Fiz essa empresa ganhar um monte de dinheiro no ano passado. Isso não deveria valer alguma coisa?'

"Então contei a história do Presente. Bem, isso foi há mais de três semanas. Até que, um dia desses, ele parou perto da minha mesa com um enorme sorriso no rosto. Perguntei: 'Por que você está rindo?'

"Ele exclamou: 'Acabo de fazer uma venda enorme!' Conversamos durante um tempo. Ele disse que estava se saindo melhor porque tinha aprendido a deixar o Passado de lado e viver mais no Presente.

"Disse que quando pensava em quanto dinheiro ganhava antes, e em como estava ganhando pouco agora, ficava com raiva, e seus clientes sentiam isso.

"Ele contou: 'Agora, sempre que vejo uma expressão negativa no rosto do cliente, faço uma anotação mental do que estou pensando. Em geral é em como é difícil fazer uma venda este ano, em comparação com o ano passado. Então me pergunto qual é o meu Propósito no momento e se estou reagindo para cumprir minha meta de vendas ou para servir às necessidades do cliente. Com freqüência acordo e percebo que minhas preocupações não são importantes para eles. Percebo que sou mais eficaz quando sei que meu Propósito é ajudar os clientes a conseguir aquilo de que precisam. Quando deixo o Passado de lado e me envolvo totalmente no Presente, me concentro em como posso ajudar os clientes a alcançar seus objetivos, agora mesmo. E nada mais. E quando faço isso, *voilà*, as vendas acontecem com mais freqüência.'

Liz continuou:

— Ele descobriu que só precisa fazer o melhor trabalho possível *hoje*. E que é só sobre isso que ele tem controle. Disse que é incrível como isso o ajuda a cada dia.

"E disse que, assim que descobriu isso, o estresse começou a passar. A próxima coisa que percebeu foi que estava gostando de novo do trabalho.

"Na verdade ele fez várias anotações da história, pelo menos do modo como lembrava, e colou na parede da sua sala! Eu mesma vi!

Bill olhou para a amiga e sorriu.

— Isso é fantástico. Você contou a mais alguém sobre o Presente?

— Contei sim. Minha melhor amiga no trabalho passou por um divórcio desgastante há algum tempo. Ficou magoada e com raiva, e isso estava afetando o seu trabalho. Ela atrasou alguns projetos, e quando tirou muitas folgas por doença, seu chefe ficou chateado.

"Naquela noite fui à casa dela. Nós conversamos um tempo. Até que eu contei a história do Presente.

"Alguns dias depois, minha amiga pôs uma tigela na minha mesa. Disse que sempre que não estivesse no

Presente e começasse a pensar no divórcio e em como sentia raiva do ex-marido, viria à minha sala e colocaria um dólar na tigela.

"Disse que se um dia parasse de colocar dólares, iríamos jantar e que ela pagaria. Ela riu; tinha certeza de que haveria dinheiro suficiente para pagar uma refeição cara.

"Nas primeiras três semanas ela vinha a cada hora, mais ou menos, e colocava um ou dois dólares, ou três, para cada vez que tinha se permitido pensar no que poderia ter sido, ou no que deveria ter sido. Mas lentamente o número de dólares diminuiu. E esta semana, incrivelmente, a tigela não recebeu um único dólar.

"Um dia desses ela falou que só quando pôde ver fisicamente quanto tempo e dinheiro estava desperdiçando por estar furiosa em relação ao Passado, entendeu quanto dano estava causando a si mesma.

"Ela não conseguia se concentrar no trabalho, os amigos estavam fartos de suas reclamações e sua energia tinha chegado ao fundo.

"Estava agindo como se o seu propósito fosse permanecer magoada e com raiva, em vez de ir em frente e melhorar a vida.

"Ela diz que, quanto mais aprende com o Passado e se liberta do Passado, mais consegue se concentrar e desfrutar do Presente agora.

"Diz que acha especialmente útil apreciar o que tem agora, até mesmo as pequenas coisas, e depois visualizar hoje como seria um futuro maravilhoso.

"Chegou até a criar seu próprio futuro. Costumava estar cansada e furiosa ao fim do dia, mas agora, quando vai de casa para o trabalho, ela imagina como quer que seja seu futuro imediato ao chegar em casa.

"Pouco antes de sair do carro e entrar em casa ela planeja como estar nas próximas horas. Ela se vê não ficando distraída com o jornal ou a televisão, mas sendo mais presente com todos na família.

"Ela se visualiza mais como uma pessoa relaxada, desfrutando sua casa e sendo uma mãe amorosa.

"Ela diz que realmente está dando certo. Os filhos estão mais felizes e ajudando-a mais. Está espantada em ver como as coisas estão indo melhor em casa agora.

"Minha amiga está agora se saindo muito melhor no trabalho também. Várias pessoas notaram, especialmente o chefe.

"Hoje cedo ela entrou na minha sala, dizendo: 'Parece que na próxima semana nós vamos curtir um belo jantar. Por minha conta!

— Isso é maravilhoso, Liz — disse Bill.

— Claro que é. — Então ela acrescentou: — Contei ao meu marido sobre como meus colegas e eu estávamos nos saindo melhor no trabalho, e que isso aconteceu por termos usado o que aprendemos com o Presente.

"Meu marido vive preocupado com quanto dinheiro vamos pagar pelas coisas, como a faculdade dos gêmeos, mesmo que eles ainda tenham apenas cinco anos.

"Ele é obcecado por ser promovido e ganhar mais, para comprarmos uma casa maior. Receia não termos dinheiro suficiente para nos aposentarmos mais tarde.

"Eu o amo por se sentir responsável e atencioso com a família. Mas vejo o estresse que isso provoca nele, mesmo que não perceba.

"Eu queria lhe contar a história do Presente, mas estava decidida a não fazer isso até que ele quisesse ouvir.

"Uma noite ele me perguntou sobre isso. Então lhe servi uma taça de seu vinho predileto e contei a história.

"Não sabia se ele estava prestando atenção. Mas quando terminei, ele disse: 'O que gosto nessa história é a parte sobre como ajudar a criar o Futuro.'

"Fiquei surpresa quando ele disse: 'Gosto das três etapas. Ver quão maravilhoso poderia ser o futuro. Fazer um plano. E fazer algo hoje para ajudar a acontecer.'

"Após um instante, ele sugeriu: 'Vamos arranjar um tempo na manhã de sábado para começar a criar nosso futuro financeiro.'

"Concordei e disse: 'Enquanto isso, a partir de hoje, podemos juntar os registros financeiros e tudo mais que você achar que nós precisamos.' Ele pareceu feliz com isso.

"Naquele fim de semana fizemos uma boa sessão financeira, a melhor que já tivemos. Imaginamos a vida que queríamos e lidamos com várias coisas que vínhamos adiando. Esboçamos até mesmo o início de um plano.

"Mais tarde, naquela semana, meu marido veio e me deu um abraço enorme. Perguntei por que estava tão bem-humorado, e ele disse: 'Eu me sinto muito melhor.'

"Ele disse: 'Estou começando a perceber o que o velho queria dizer acerca de que quando você ajuda a criar seu futuro, este futuro se torna mais conhecido e você fica menos ansioso no Presente. Estive tão preocupado com o nosso futuro que não pude curtir o que temos agora — *hoje!* Estava me virando pelo avesso para ganhar cada vez mais dinheiro. E de repente percebi que, se eu ganhar um milhão de dólares por ano, sempre vai haver alguma coisa que a gente não vai poder pagar, ou para a qual não vai poder se preparar.'

"Ele disse estar preocupado demais com seu 'futuro financeiro' e não curtia seu 'presente familiar'. Tinha esquecido *por que* estava trabalhando tanto, para começar.

"Disse que estava agindo como se ganhar dinheiro fosse o seu Propósito, em vez de amar e apoiar nossa família com o dinheiro que ganhava.

"Ele disse: 'Percebo que preciso viver cada dia, e vivê-lo totalmente, em vez de ficar em dúvida quanto ao Futuro. Enquanto as crianças virem que estamos felizes juntos, elas vão ser mais felizes, não importando em que tipo de casa a gente more ou que tipo de carro tenhamos. Ainda que seja importante criarmos nosso Futuro, como começamos a fazer na semana passada, a gente não deve *viver* no Futuro. Agora vejo a diferença.'

Liz ficou quieta um momento, lembrando-se da experiência com o marido.

Bill deu um sorriso. Depois perguntou:

— Você teve sucesso em aplicar esse mesmo tipo de pensamento no trabalho?

— Sim — respondeu Liz. — Recebemos um relatório recentemente, dizendo que uma das nossas divisões estava perdendo vendas de um produto que já tinha sido um dos mais populares.

"Houve boatos de que haveria cortes de orçamento e demissões, não muito diferente do que aconteceu na história.

"Isso deixou muitos de nós ansiosos, porque alguns de nossos amigos poderiam perder o emprego, talvez até alguns de nós. Eu me perguntei o que poderia fazer. Percebi que precisávamos nos concentrar em desenvolver produtos novos e melhores.

"Fiz um memorando pedindo a todo mundo para que pensassem sobre como poderiam ajudar a criar nosso futuro com novos produtos. Mais tarde discutimos o assunto numa reunião matinal de duas horas.

"A reunião foi cheia de energia, durou mais do que eu esperava. Mas na hora do almoço tivemos algumas brechas.

"Naquela tarde, as pessoas voltaram com vários melhoramentos valiosos.

"Descobri que ao termos muita gente ajudando a criar nosso Futuro começamos a alcançar o que precisávamos fazer. Então pude me focalizar e agir nas necessidades do Presente para a empresa.

"No fim do dia fui até o jogo de futebol infantil da minha filha. E enquanto estava lá, me concentrei no Presente, nela, deixando de lado os pensamentos sobre os produtos futuros. Poderia voltar a isso amanhã.

"E quando o jogo terminou, pude estar lá, junto dela, no Presente, de um modo que nunca tinha estado antes.

"Percebo, claro, que o que é importante *agora* está sempre mudando. Mas meu Propósito agora é equilibrar contribuições verdadeiras no trabalho e ser uma boa esposa e mãe. Isso dá mais significado ao que faço.

"Descobri que se eu me concentrar no que está acontecendo no momento presente, faço as coisas muito melhor.

"E não sou a única. Muitas pessoas no trabalho e na minha família também aprenderam a fazer melhor que isso.

— Você mostrou suas anotações a elas? — perguntou Bill.

— Mostrei! Aumentei as anotações e também redigi a história, do melhor modo que pude lembrar. Depois repassei para muitas pessoas.

"Admito que nem todo mundo que ouviu ou leu a história se beneficiou dela. Há uma boa quantidade de gente no trabalho que não quis.

"Mas as pessoas que a obtiveram estão produzindo mais e tornando nossa empresa muito melhor.

"Quem sabe, você gostaria de dar um pulo até lá e ver por si mesmo? — sugeriu Liz.

Bill disse que gostaria de ler o que ela havia escrito, e que daria um jeito de visitar seu trabalho em breve.

Então Liz olhou o relógio e percebeu que precisava voltar. Pegou a conta e disse:

— Realmente quero agradecer a você, Bill, por ter me apresentado a história do Presente. Ela mudou tudo.

— De nada, Liz. Fico satisfeito porque a história deu um resultado tão bom. E é bom ver você reconhecer que, quanto mais as pessoas vivem e trabalham no Presente, mais elas, suas famílias e suas organizações se beneficiam. Como você descobriu por si mesma.

— Bem — disse Liz —, ela é um roteiro fantástico para ser usado como inspiração e orientação prática.

"Ao usar o Presente hoje a gente fica mais feliz e mais bem-sucedido um dia de cada vez, até que ele se torna parte da nossa vida.

"Definitivamente, vou aplicá-lo mais na nossa organização. Quando a gente descobre alguma coisa que funciona, quer que o máximo possível de pessoas a usem o mais rápido possível.

Ela acrescentou:

— Quando as pessoas são mais felizes e mais eficazes no trabalho e em casa, tudo fica melhor para todo mundo. Vou compartilhar isso com os outros.

Bill deu um sorriso.

— O que aconteceu com minha amiga, a cética?

Liz sorriu de volta.

— Talvez ela simplesmente tenha dado a si mesma...

O PRESENTE!

Fim

Para saber mais...

*Para saber mais sobre
produtos e serviços
para indivíduos e
organizações baseados em*
O Presente, *visite:*

www.The Present.Com

Este livro foi composto na tipologia Latin 725 Bt em corpo 12/16 e impresso em papel off-set 90g/m² no Sistema Cameron da Divisão Gráfica da Distribuidora Record